Beeloo

We love feedback and reviews!

Any questions, comments, or suggestions?
Please email us at:

info@beeloo.com

Instructions

Crossword Puzzle
Read the clues and fill in the corresponding squares on the puzzle.

FIFTH AVENUE

DOWN
1. NYC round breakfast treat
4. Car that takes you places in New York

ACROSS
2. Salty treat sold on NYC corners
3. What Teenage Mutant Ninja Turtles love

NYC

TIMES

Scan each page's QR code to download and print the same page for free, OR see the solution.

Crossword Puzzle
Read the clues and fill in the corresponding squares on the puzzle.

FIFTH AVENUE

DOWN
1. NYC round breakfast treat
4. Car that takes you places in New York

ACROSS
2. Salty treat sold on NYC corners
3. What Teenage Mutant Ninja Turtles love

| 3 | P | I | Z | Z | A |
| 1 B |
| A |
| G |
| 2 | P | R | E | T | Z | E | L |
| 4 T |
| L |
| A |
| X |
| I |

NYC

TIMES

After scanning, download the solution print it out if you need to check your work.

Beeloo

New York City Activity Book

This book is dedicated to the parents,
teachers, and caregivers of children.

ISBN: 9798398392814

This book belongs to:

_____

This page intentionally left blank

Color by Number

Use the color key to color each square and reveal a hidden picture.

0. white 1. black 2. yellow 3. light blue 4. grey 5. red 6. light orange

0	0	0	0	0	0	0	0	0	0	0	0	0	0	0	0	0	0	0	0	0	0	0	0	0	0
0	0	0	0	0	0	0	0	0	0	0	0	0	1	1	0	0	0	0	0	0	0	0	0	0	0
0	0	0	0	0	0	0	0	0	0	0	1	6	6	1	0	0	0	0	0	0	0	0	0	0	0
0	0	0	0	0	0	0	0	0	1	1	1	1	1	1	1	1	1	1	0	0	0	0	0	0	0
0	0	0	0	0	0	0	0	1	2	3	0	2	2	3	0	2	1	0	0	0	0	0	0	0	0
0	0	0	0	0	0	0	1	2	3	0	3	2	2	0	3	3	2	1	0	0	0	0	0	0	0
0	0	1	1	1	1	1	2	2	2	2	2	2	2	2	2	2	2	2	1	1	1	1	1	0	0
0	0	1	5	2	2	2	2	2	2	1	1	2	2	1	1	2	2	2	2	2	2	5	1	0	0
0	0	1	2	2	2	2	2	2	2	2	2	2	2	2	2	2	2	2	2	2	2	1	0	0	0
0	1	1	2	2	2	1	1	2	2	2	2	2	2	2	2	2	1	1	2	2	2	1	1	0	0
0	1	4	4	4	1	4	4	1	2	2	2	2	2	2	2	1	4	4	1	4	4	4	1	0	0
0	1	1	1	1	1	4	4	1	1	1	1	1	1	1	1	1	1	1	4	4	1	1	1	1	0
0	0	0	0	0	0	1	1	0	0	0	0	0	0	0	0	0	0	1	1	0	0	0	0	0	0
0	0	0	0	0	0	0	0	0	0	0	0	0	0	0	0	0	0	0	0	0	0	0	0	0	0

This page intentionally left blank

Hidden Picture

Use the legend to color each block and find a hidden image.

0	0	0	0	0	0	0	0	0	0	0	0	0	0	0	0
0	0	0	0	0	0	0	0	1	1	0	0	0	0	0	0
0	0	0	0	0	0	0	0	1	1	0	0	0	0	0	0
0	0	0	0	0	0	0	0	1	1	0	0	0	0	0	0
0	0	0	0	0	0	0	0	1	1	0	0	0	0	0	0
0	0	0	0	0	0	1	2	2	1	0	0	0	0	0	0
0	0	0	0	0	0	1	0	0	1	0	0	0	0	0	0
0	0	0	0	1	1	1	1	1	1	1	1	0	0	0	0
0	0	0	0	1	2	0	0	0	0	2	1	0	0	0	0
0	0	0	1	1	1	1	2	2	1	1	1	1	0	0	0
0	0	0	1	2	0	1	2	2	1	0	2	1	0	0	0
0	0	0	1	0	0	1	0	0	1	0	0	1	0	0	0
0	0	0	1	2	0	1	2	2	1	0	2	1	0	0	0
0	0	0	1	0	0	1	0	0	1	0	0	1	0	0	0
0	0	0	1	2	0	1	2	2	1	0	2	1	0	0	0
0	0	0	1	0	0	1	0	0	1	0	0	1	0	0	0
0	0	0	1	2	0	1	2	2	1	0	2	1	0	0	0
0	0	0	1	0	0	1	0	0	1	0	0	1	0	0	0
0	0	0	1	2	0	1	2	2	1	0	2	1	0	0	0
0	0	0	1	0	0	1	0	0	1	0	0	1	0	0	0
0	0	0	1	2	0	1	2	2	1	0	2	1	0	0	0
0	0	0	1	0	0	1	0	0	1	0	0	1	0	0	0
0	0	0	1	2	0	1	2	2	1	0	2	1	0	0	0
0	0	0	1	0	0	1	0	0	1	0	0	1	0	0	0
0	0	1	1	1	1	1	2	2	1	1	1	1	1	0	0
0	0	1	0	0	0	1	0	0	1	0	0	0	1	0	0
0	0	1	2	0	2	1	2	2	1	2	0	2	1	0	0
0	0	1	2	0	2	1	0	0	1	2	0	2	1	0	0
0	1	1	1	1	1	1	1	1	1	1	1	1	1	1	0
0	1	2	0	2	0	1	2	2	1	0	2	0	2	1	0
0	1	2	0	2	0	1	2	2	1	0	2	0	2	1	0
0	1	0	0	0	0	1	2	2	1	0	0	0	0	1	0
0	1	2	0	2	0	1	2	2	1	0	2	0	2	1	0
0	1	2	0	2	0	1	2	2	1	0	2	0	2	1	0

0. white 1. black 2. grey

This page intentionally left blank

Hidden Picture

Use the legend to color each block and find a hidden image.

0. white 1. black 2. brown 3. grey 4. light brown

This page intentionally left blank

Pixel Image

Use the color key to color each square and reveal a hidden picture.

0. white 1. black 2. green 3. grey 4. yellow

```
0 0 0 0 0 0 0 0 0 0 0 0 0 0 0 0 0 0 0
0 0 1 1 0 0 0 0 0 0 0 0 0 0 0 0 0 0 0
0 0 1 4 1 0 0 0 0 0 0 0 0 0 0 0 0 0 0
0 1 4 4 4 1 0 0 0 0 1 1 0 0 0 0 0 0 0
0 1 4 4 4 1 0 0 1 1 2 2 1 1 0 0 0 0 0
0 1 1 1 1 0 0 1 1 2 1 1 2 1 1 0 0 0 0
0 0 1 2 1 0 1 1 2 1 2 2 1 2 1 1 0 0 0
0 0 1 2 1 0 1 2 1 1 1 1 1 1 2 1 0 0 0
0 1 1 1 1 0 0 1 1 2 1 1 2 1 1 0 0 0 0
0 1 2 2 1 0 0 0 1 1 2 2 1 1 0 0 0 0 0
0 1 2 2 2 1 0 0 1 2 2 2 2 1 0 0 0 0 0
0 0 1 1 2 1 1 0 1 2 2 2 2 1 0 0 0 0 0
0 0 0 1 2 1 2 1 0 1 2 2 1 0 0 0 0 0 0
0 0 0 1 2 1 2 2 1 1 1 1 1 1 1 0 0 0 0
0 0 0 0 1 2 2 2 1 2 2 2 1 1 2 1 0 0 0
0 0 0 0 1 2 2 1 2 2 2 2 1 2 1 2 1 0 0
0 0 0 0 0 1 2 1 2 2 2 1 2 1 1 1 1 1 0
0 0 0 0 0 1 1 2 2 1 1 2 1 2 2 2 1 1 0
0 0 0 0 0 0 1 2 1 2 2 2 1 1 1 1 2 1 0
0 0 0 0 0 0 0 1 2 2 2 2 1 2 2 1 2 1 0
0 0 0 0 0 0 0 1 2 2 2 2 1 1 1 1 1 0 0
0 0 0 0 0 0 0 1 2 2 2 1 2 2 1 0 0 0 0
0 0 0 0 0 0 0 1 2 2 2 1 2 2 2 1 0 0 0
0 0 0 0 0 0 0 1 2 1 2 2 2 1 1 0 0 0 0
0 0 0 0 0 0 0 1 1 2 2 2 1 2 2 1 0 0 0
0 0 0 0 0 0 1 2 2 2 1 1 2 2 2 1 0 0 0
0 0 0 0 0 0 1 1 1 1 1 2 2 2 2 2 1 0 0
0 0 0 0 0 0 1 2 2 2 2 2 2 2 1 0 0 0 0
0 0 0 0 0 1 1 1 1 1 1 1 1 1 1 1 1 0 0
0 0 0 0 0 1 3 3 0 0 0 0 0 0 3 3 1 0 0
0 0 0 0 0 1 1 1 1 1 1 1 1 1 1 1 1 0 0
0 0 0 0 0 0 1 3 3 3 3 3 3 3 3 1 0 0 0
0 0 0 0 0 0 1 3 3 3 3 3 3 3 3 1 0 0 0
```

This page intentionally left blank

Coloring

NEW YORK

This page intentionally left blank

Coloring

This page intentionally left blank

Coloring Page

This page intentionally left blank

Coloring Page

NYC

This page intentionally left blank

Crossword Puzzle

Read the clues and fill in the corresponding squares on the puzzle.

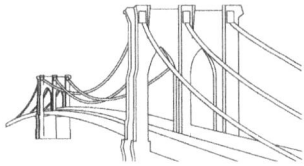

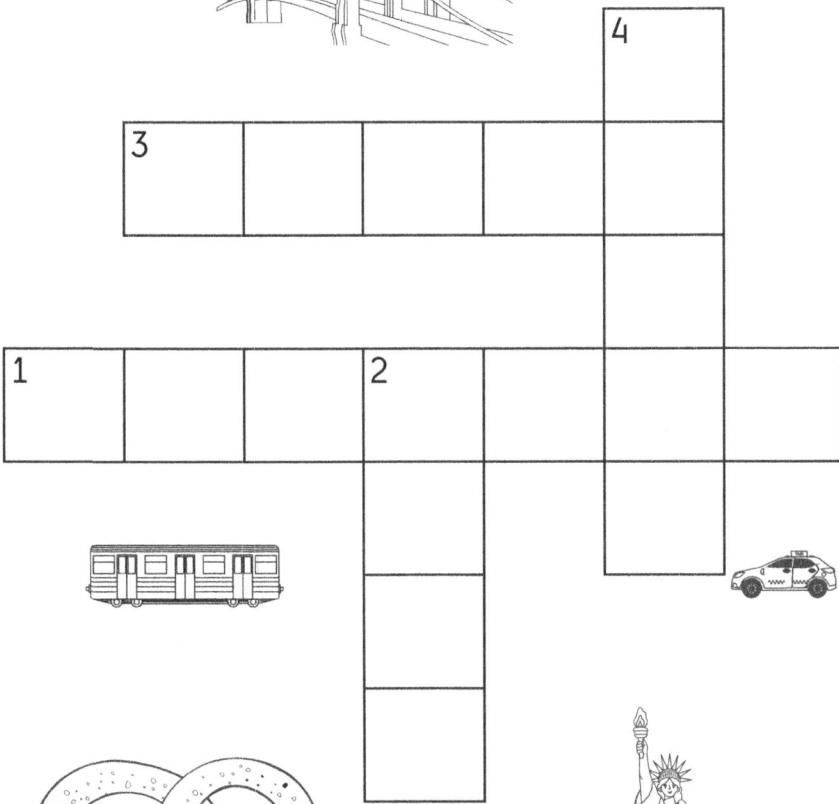

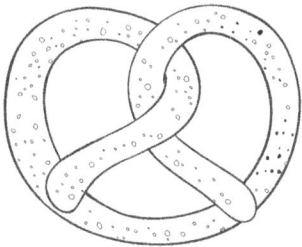

DOWN

2. City car that gives people rides
4. NYC round breakfast treat

ACROSS

1. Salty treat sold on NYC corners
3. New York's favorite lunchtime food

This page intentionally left blank

Crossword Puzzle

Read the clues and fill in the corresponding squares on the puzzle.

FIFTH AVENUE

DOWN
1. NYC round breakfast treat
4. Car that takes you places in New York

ACROSS
2. Salty treat sold on NYC corners
3. What Teenage Mutant Ninja Turtles love

TIMES SQ

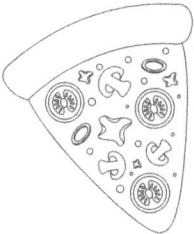

Scan for solution

gG9B72gY3

This page intentionally left blank

Crossword Puzzle

Use the clues to fill in the correct answers on the grid.

DOWN

1. City car that gives people rides
2. Popular breakfast food in the Big Apple

ACROSS

3. NYC street snack
4. What Teenage Mutant Ninja Turtles love

This page intentionally left blank

Crossword

Find the correct answers to the clues and fill them into the crossword puzzle.

DOWN

1. One of the five boroughs of New York City
3. Colorful New York ride-for-hire
5. A staple food with a hole from New York
7. Van Gogh is in this museum in the Big Apple
10. A famous university in the Big Apple

ACROSS

2. Combo of sausage and bun in NYC
4. Uptown Manhattan area
6. New York City's signature food
8. Salty delight from Big Apple vendors
9. A place with lots of Chinese food in NYC

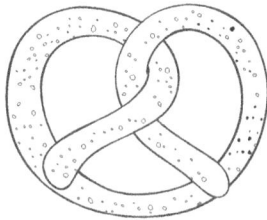

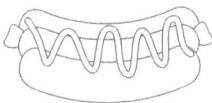

This page intentionally left blank

Crossword Puzzle

Use the clues to fill in the correct answers on the grid.

DOWN

3. A doughy circle from New York City
4. Yellow car in the city

ACROSS

1. What Teenage Mutant Ninja Turtles love
2. Salty treat sold on NYC corners

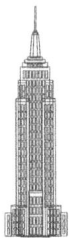

This page intentionally left blank

CROSSWORD

GUESS THE SOLUTIONS TO THE CLUES AND FILL THEM IN THE GRID.

DOWN

1. NY POLICE FORCE
2. NYC SNACK WITH A TWISTED SHAPE
4. WHERE NYC'S ART GALLERIES CAN BE FOUND
6. HOME TO THE YANKEES
7. VAN GOGH IS IN THIS MUSEUM IN THE BIG APPLE
9. FOOD SOLD BY THE SLICE

ACROSS

3. NEIGHBORHOOD WITH APOLLO THEATER
5. RIVER BY THE BIG APPLE
6. BIG STREET IN NEW YORK CITY WHERE YOU FIND LOTS OF SHOWS
8. AN EASY WAY TO GET AROUND MANHATTAN

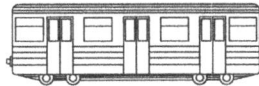

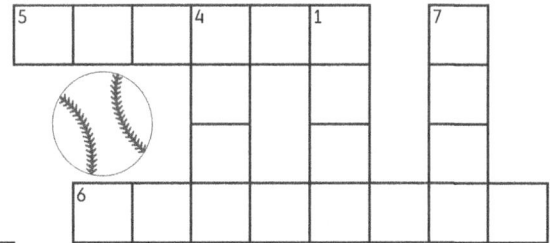

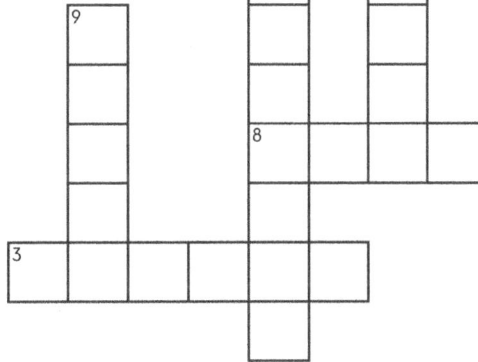

TIMES SQ

This page intentionally left blank

Crossword Puzzle

Use the clues to fill in the correct answers on the grid.

DOWN

2. Car that takes you places in New York
3. Popular breakfast food in the Big Apple

ACROSS

1. NYC street snack
4. Hot cheesy slice in NYC

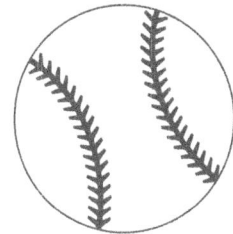

V7V6DJ9EM

This page intentionally left blank

Grid Drawing

The picture can be copied by matching each square
of the grid above with the one below.

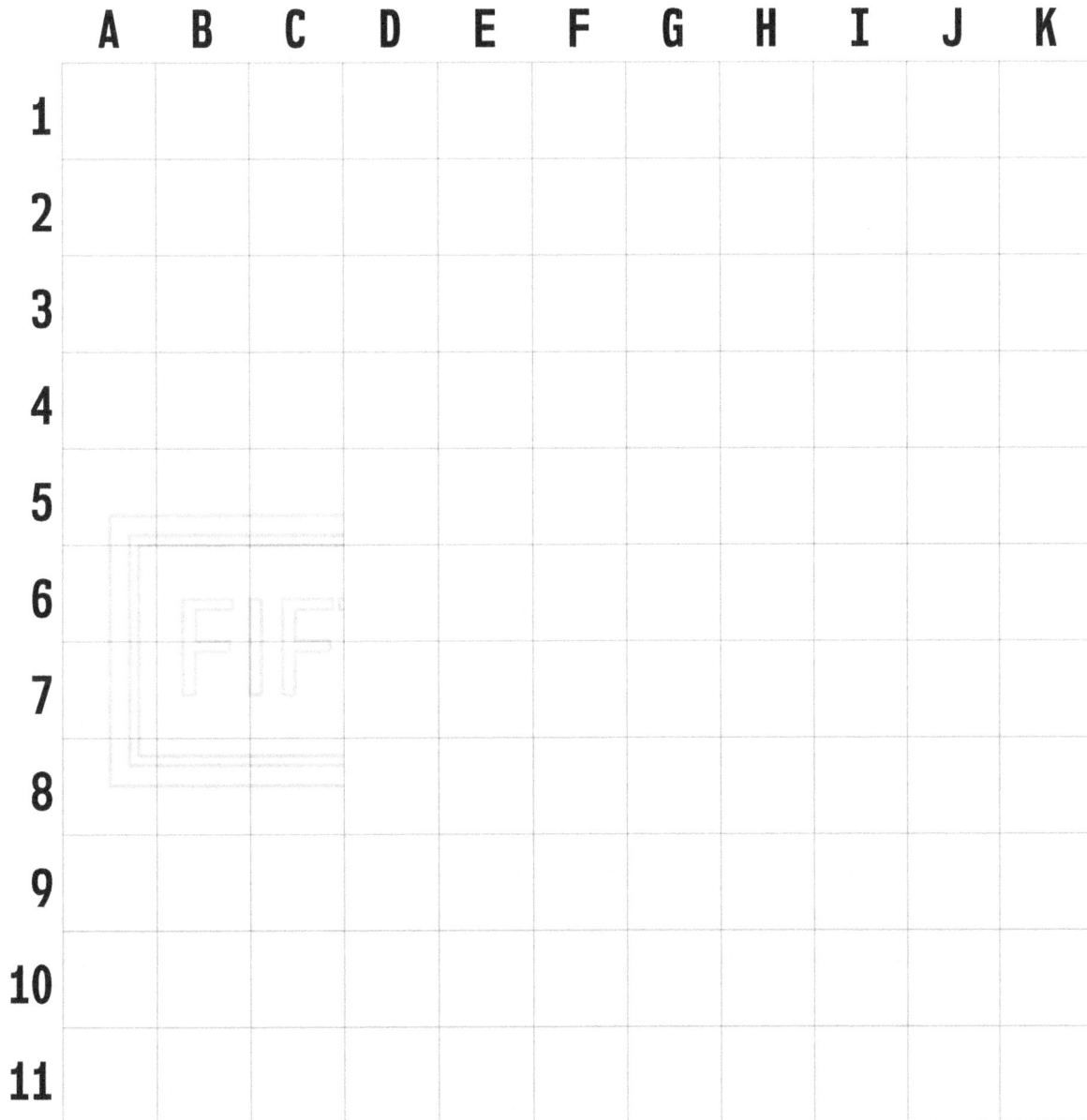

FIFTH AVENUE

	A	B	C	D	E	F	G	H	I	J	K
1											
2											
3											
4											
5											
6											
7											
8											
9											
10											
11											

This page intentionally left blank

Grid Drawing

The picture can be copied by matching each square
of the grid above with the one below.

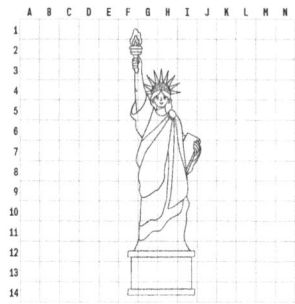

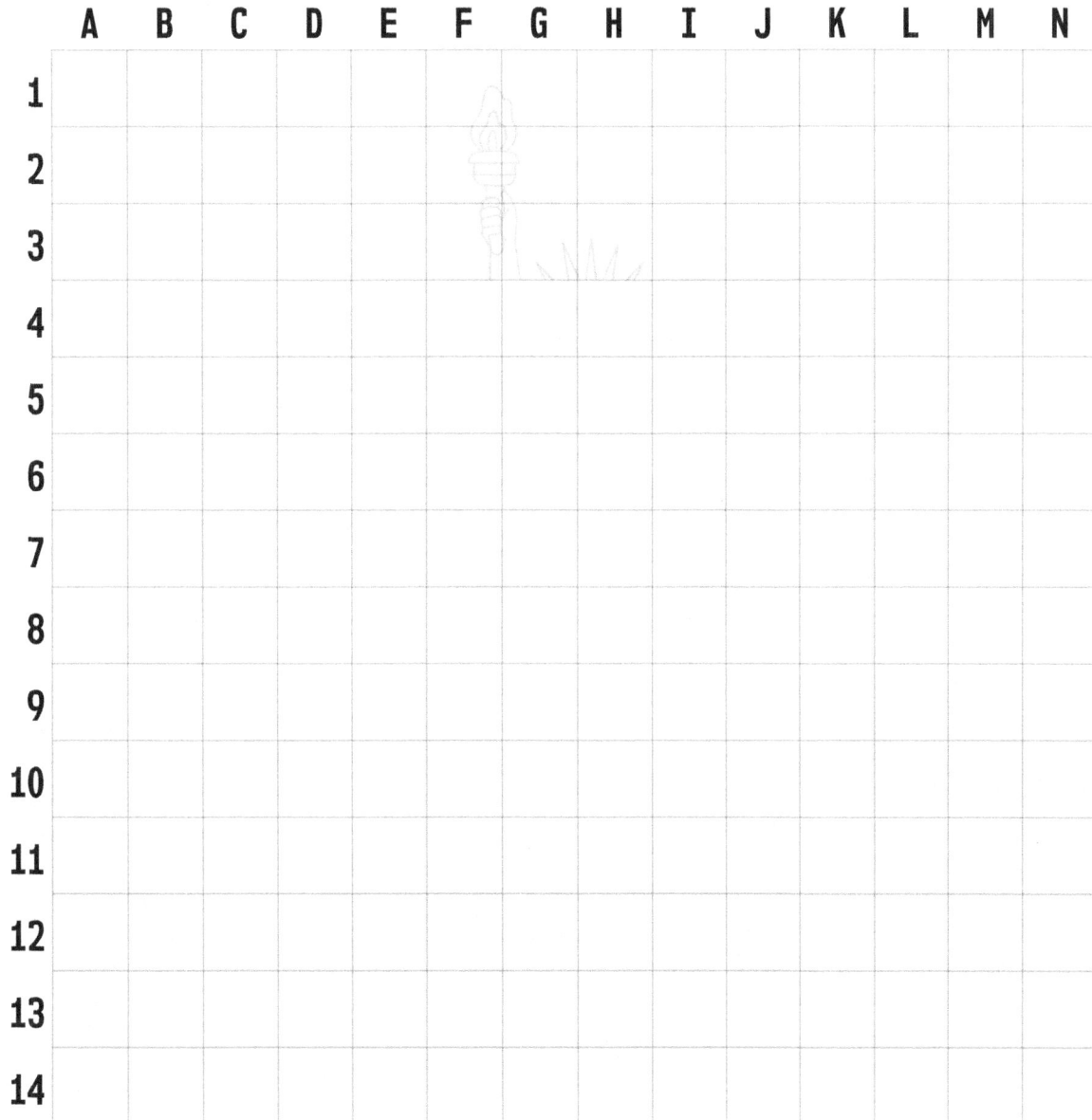

	A	B	C	D	E	F	G	H	I	J	K	L	M	N
1														
2														
3														
4														
5														
6														
7														
8														
9														
10														
11														
12														
13														
14														

This page intentionally left blank

GRID DRAWING

USE THE GRID BELOW TO DRAW A COPY
OF THE PICTURE ABOVE BY MATCHING EACH SQUARE.

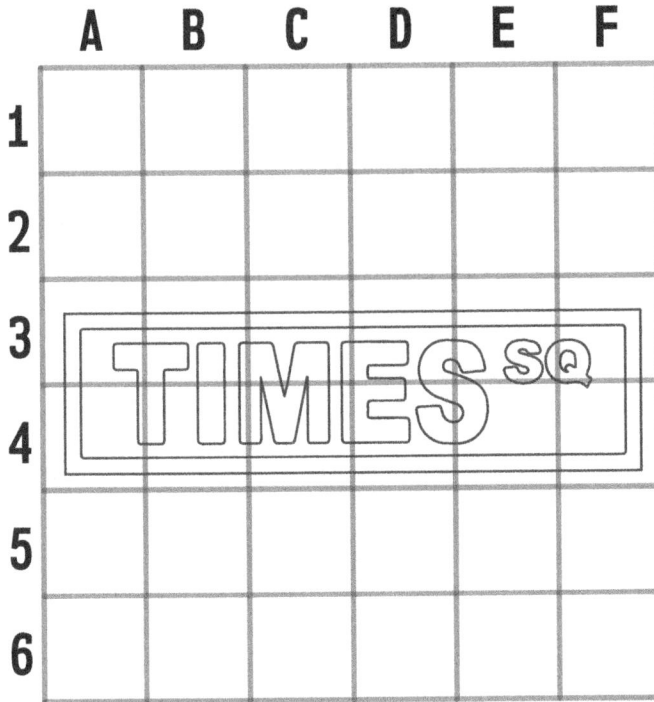

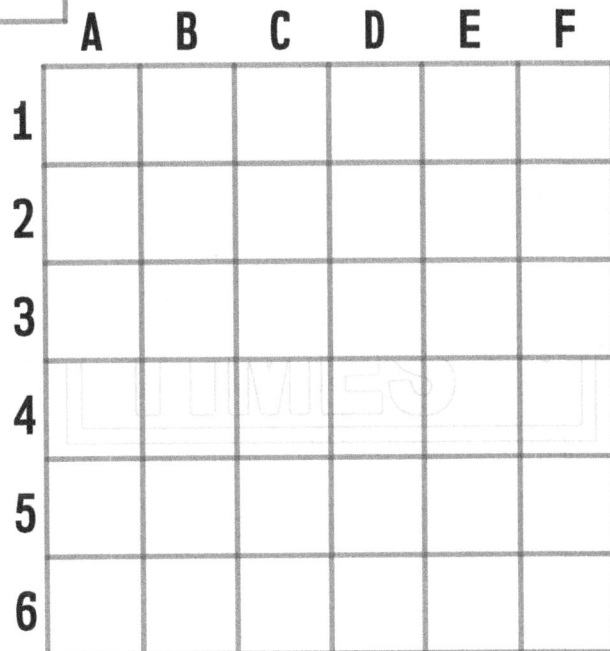

This page intentionally left blank

Grid Drawing

Use the grid below to draw a copy
of the picture above by matching each square.

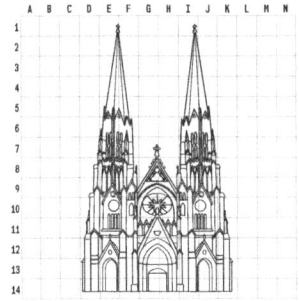

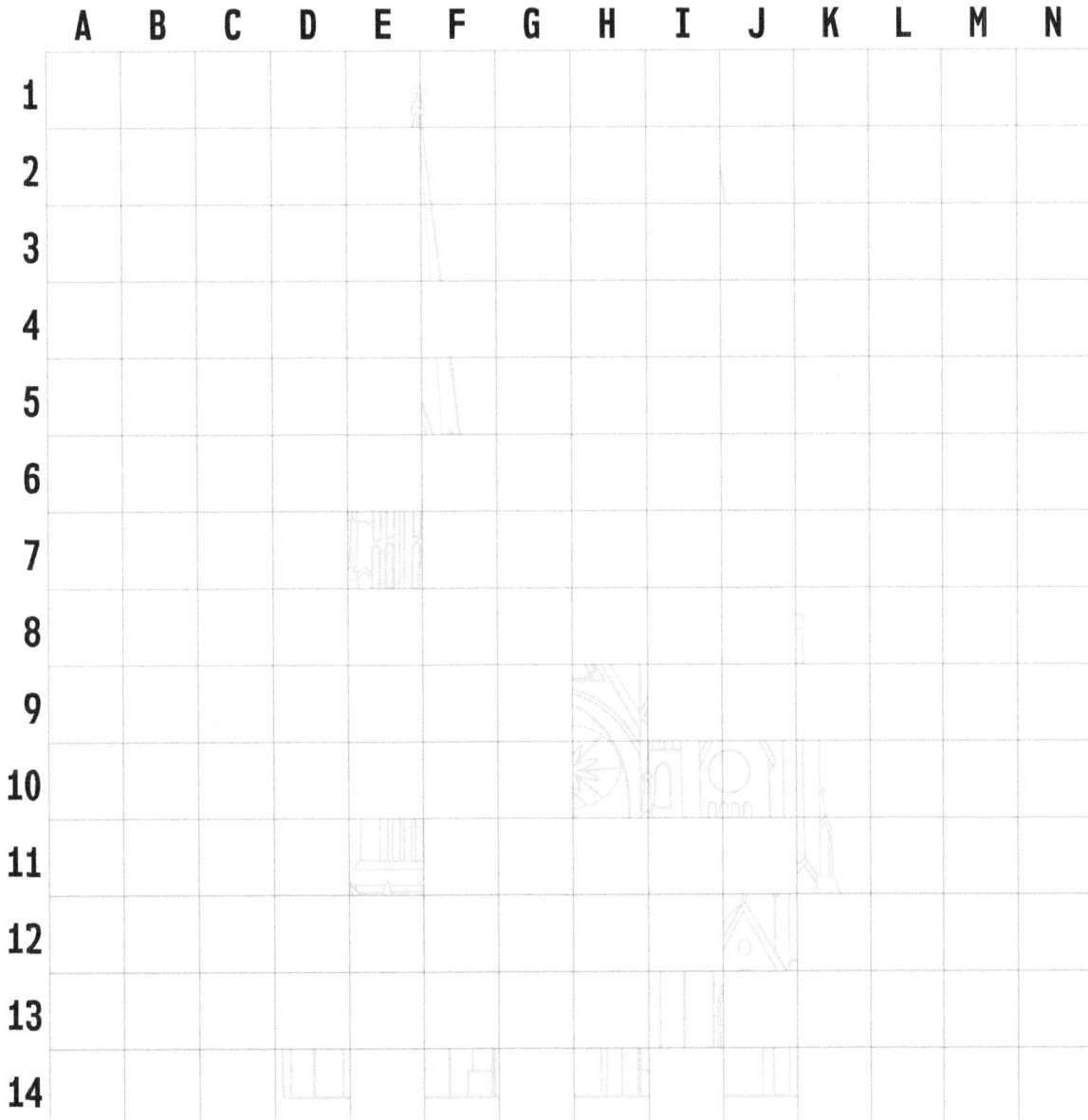

	A	B	C	D	E	F	G	H	I	J	K	L	M	N
1														
2														
3														
4														
5														
6														
7														
8														
9														
10														
11														
12														
13														
14														

This page intentionally left blank

GRID DRAWING

CREATE A COPY OF THE PICTURE BY MATCHING EACH SQUARE
OF THE GRID ABOVE WITH ITS MATCHING ONE BELOW.

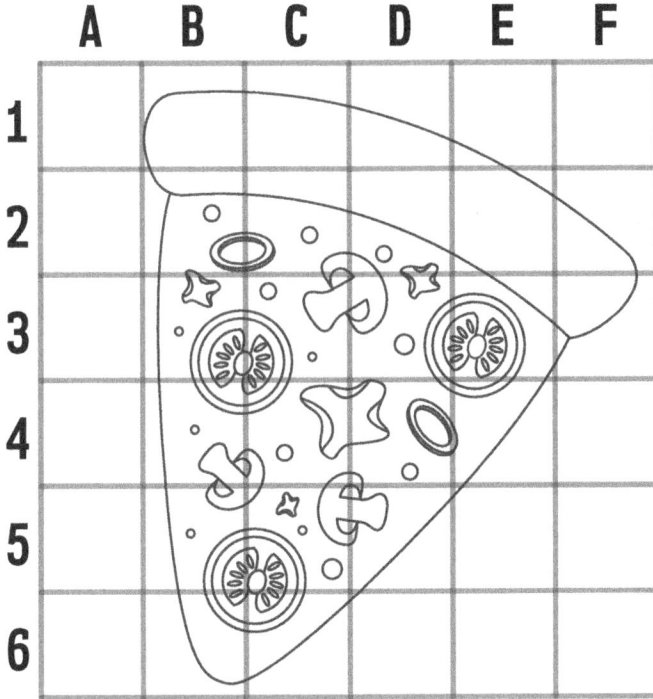

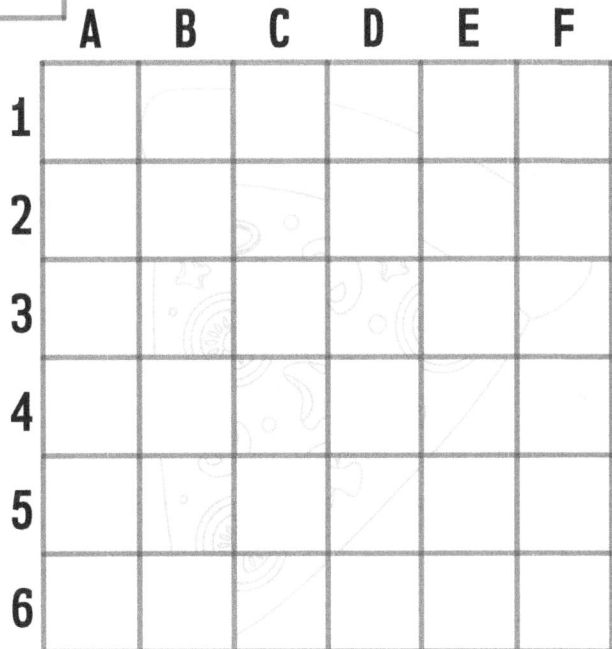

This page intentionally left blank

Square Grid Picture

Use the grid below to draw a copy
of the picture above by matching each square.

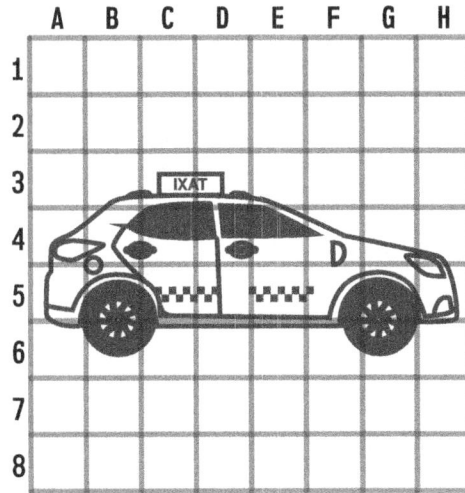

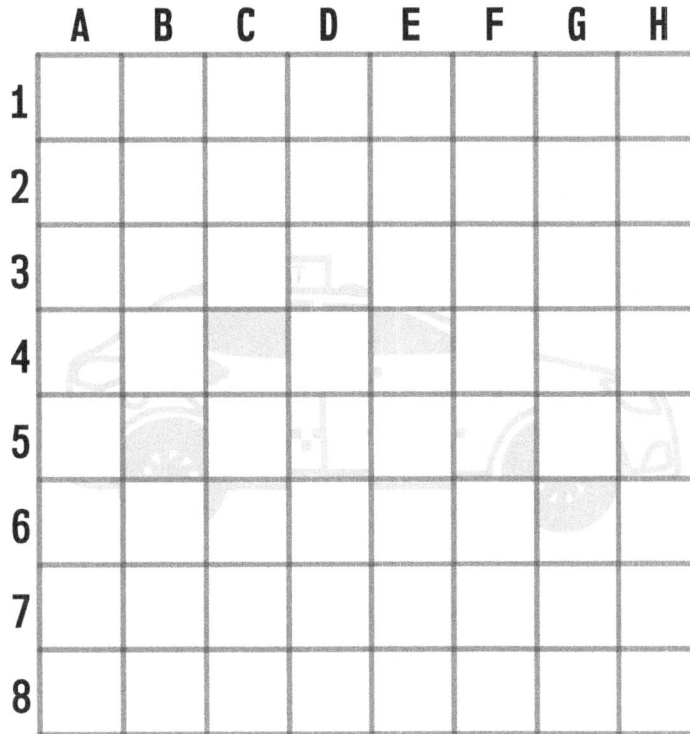

This page intentionally left blank

Square Grid Drawing

Use the grid below to draw the picture above
by matching each square.

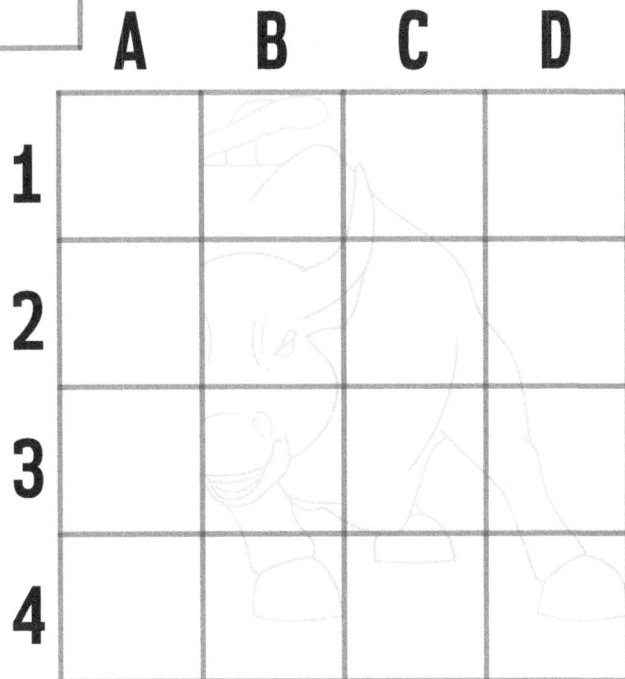

A   B   C   D

1

2

3

4

A   B   C   D

1

2

3

4

TAXI

This page intentionally left blank

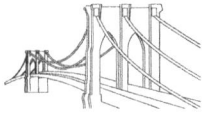

Labyrinth

Can you solve the maze?

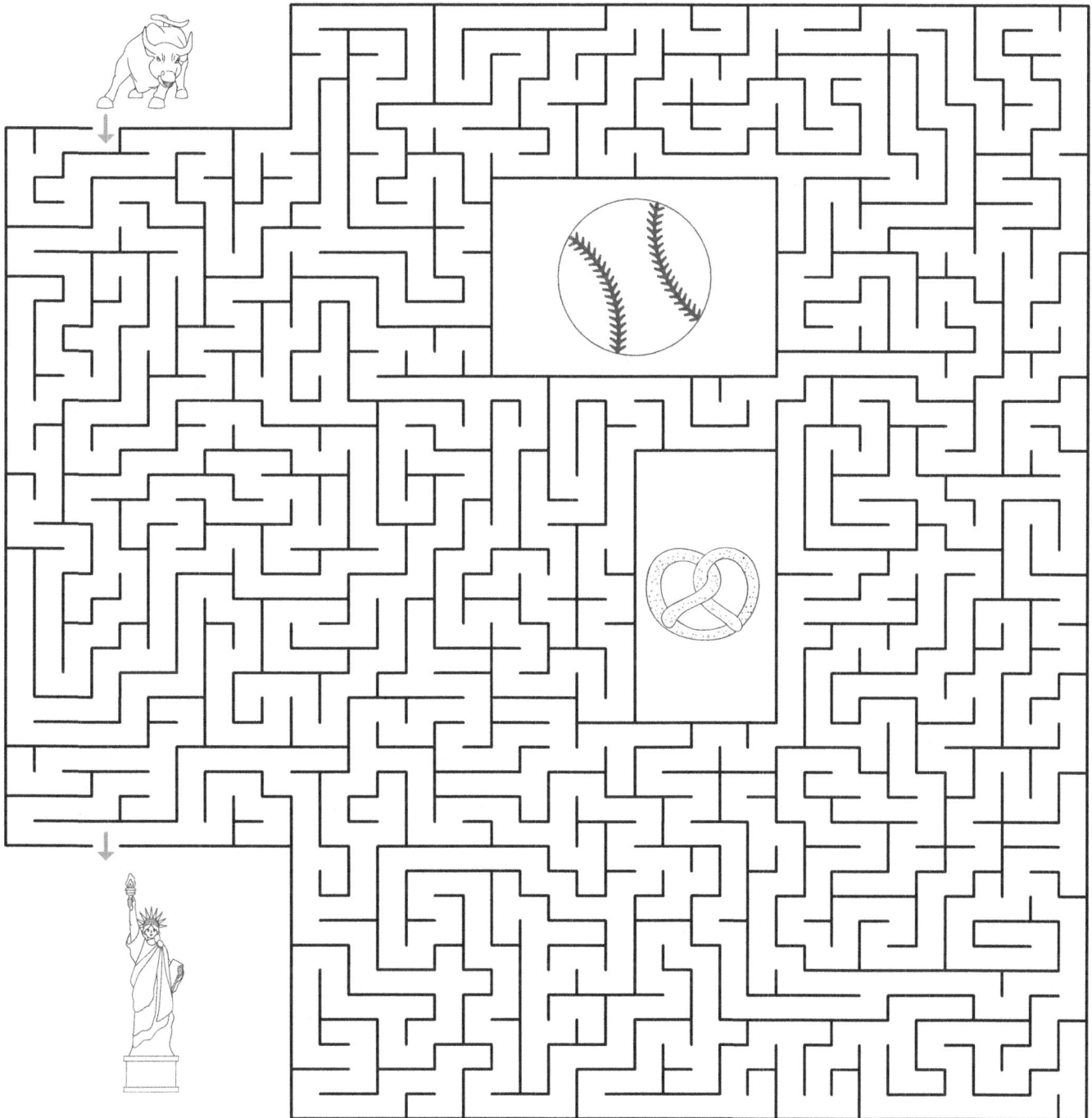

This page intentionally left blank

Maze

Can you find your way through the maze?

This page intentionally left blank

Maze

Can you solve the maze?

This page intentionally left blank

Maze

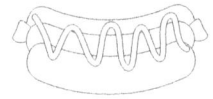

Can you get through the maze?

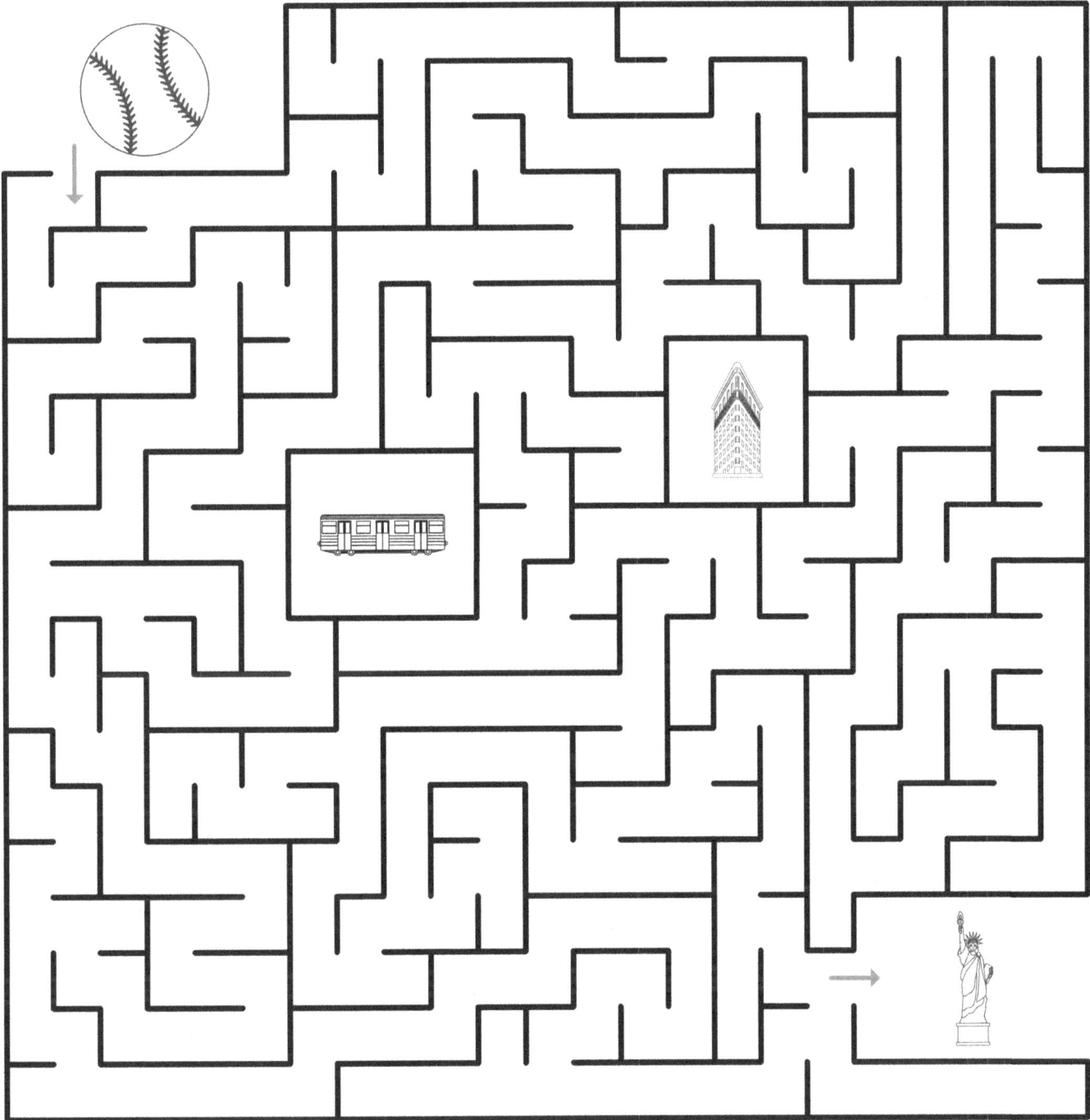

This page intentionally left blank

MAZE

FIND YOUR WAY THROUGH THE MAZE

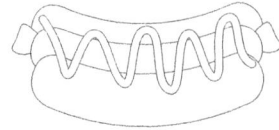

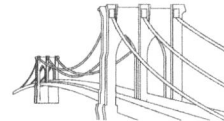

FIFTH AVENUE

This page intentionally left blank

Labyrinth

Draw the way through the maze

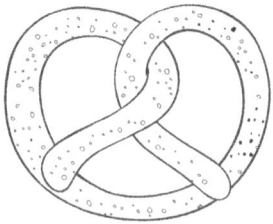

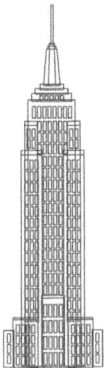

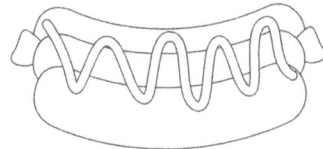

This page intentionally left blank

LABYRINTH

FIND YOUR WAY THROUGH THE MAZE

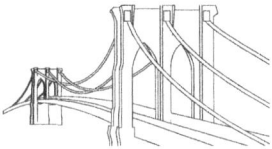

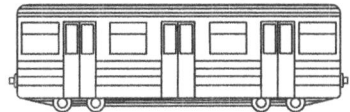

This page intentionally left blank

Labyrinth

Can you get through the maze?

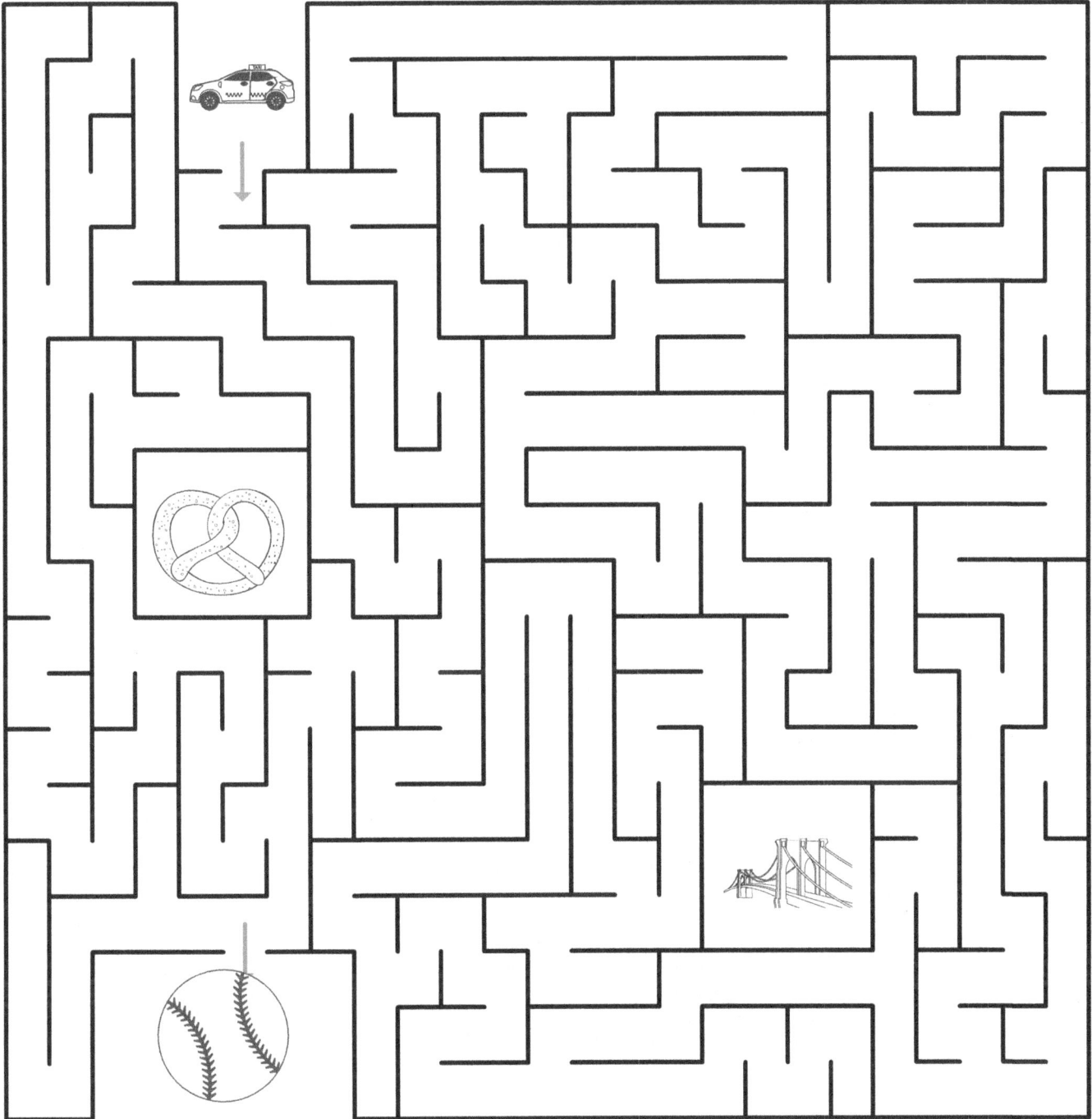

This page intentionally left blank

Maze

Find your way through the maze

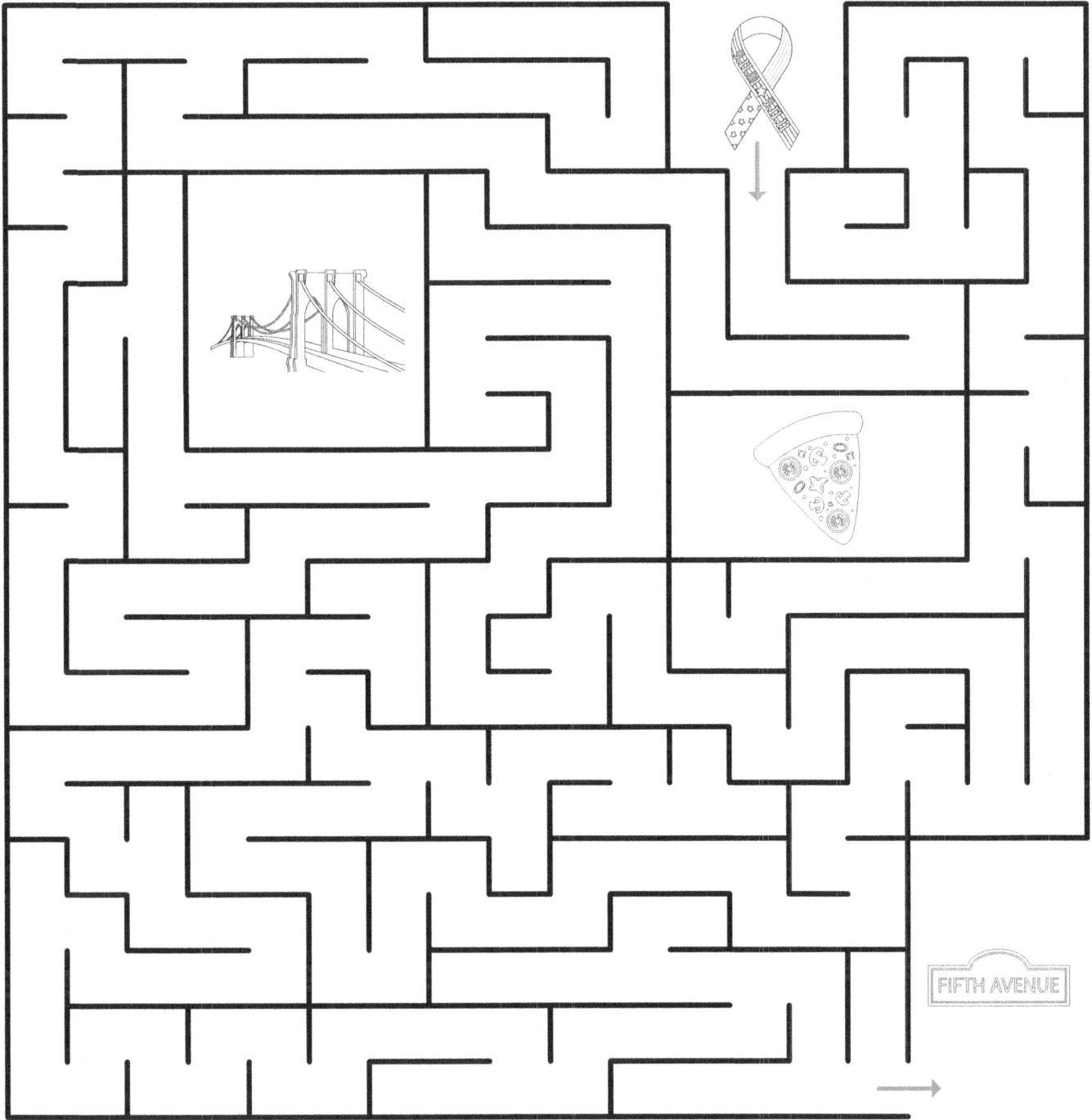

FIFTH AVENUE

This page intentionally left blank

Labyrinth

Can you make your way through the labyrinth?

This page intentionally left blank

Maze

Can you find your way through the maze?

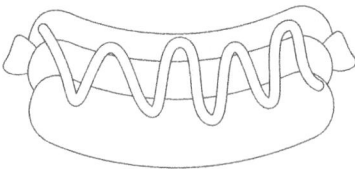

This page intentionally left blank

MIX-UP
UNSCRAMBLE THESE WORDS

WORD BANK

BROADWAY	GREENWICH	MOMA
BROOKLYN	HOTDOG	RANGERS
CAB	KNICKS	YANKEES

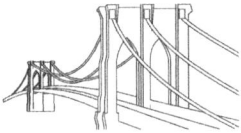

LNYBRKOO: _____

EAKESNY: _____

OMAM: _____

KNKCSI: _____

SERGARN: _____

BAC: _____

ENGEWHCRI: _____

AAWDYROB: _____

ODHOTG: _____

Scan for solution

9mWvQD2NP

This page intentionally left blank

Scramble
Unscramble these words

WORD BANK

BAGEL	HAMILTON	NETS
BROADWAY	HOTDOG	NYSE
FLATIRON	MTA	SUBWAY
GUGGENHEIM		

S T E N : _____

T D O O G H : _____

T M A : _____

U G E G N E H I G M : _____

G E L B A : _____

B S Y W U A : _____

E S Y N : _____

W O A A R D Y B : _____

N F A T I R O L : _____

L N A I T O H M : _____

yX7w4zqpg

This page intentionally left blank

SCRAMBLE
UNSCRAMBLE THESE WORDS

Q N U E E S : _____

Y N U : _____

H W O S : _____

R L O E S E V O T : _____

C W N A H O I T N : _____

K K C I N S : _____

T N E S : _____

H O S U D N : _____

Y A K E N E S : _____

S W B U A Y : _____

P I Z Z A : _____

B R O L O Y K N : _____

S Y K E S C P A R R : _____

T M A : _____

M A T H A T N A N : _____

I T A X : _____

B W R O N S T O N E : _____

A O M M : _____

G C R E N E I W H : _____

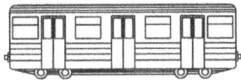
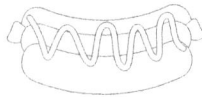

WORD BANK

BROOKLYN	KNICKS	NYU	SKYSCRAPER
BROWNSTONE	MANHATTAN	PIZZA	SUBWAY
CHINATOWN	MOMA	QUEENS	TAXI
GREENWICH	MTA	ROOSEVELT	YANKEES
HUDSON	NETS	SHOW	

Scan for solution

xEAJm2oD9

This page intentionally left blank

Word Jumble
Unscramble these words

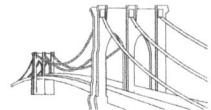

WORD BANK

FLATIRON

GREENWICH

HAMILTON

NETS

NYPD

NYU

ONASSIS

PRETZEL

ROOSEVELT

SEINFELD

TRIBECA

TAHLIONM: _____

FNELEDIS: _____

NIFAOLTR: _____

IACETBR: _____

ENECHGIWR: _____

IANSOSS: _____

Y N U : _____

S E T N : _____

ETZEPLR: _____

VLOTEEORS: _____

D Y P N : _____

q6b6X967

This page intentionally left blank

Word Scramble
Unscramble these words

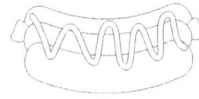

ODGOTH: _____

ENAYKSE: _____

UYN: _____

CETIRBA: _____

SSINSOA: _____

HECRWEGNI: _____

RKYBLNOO: _____

LANFIORT: _____

WORD BANK

BROOKLYN

FLATIRON

GREENWICH

HOTDOG

NYU

ONASSIS

TRIBECA

YANKEES

This page intentionally left blank

Jumble
Unscramble these words

WORD BANK

GUGGENHEIM	NETS	QUEENS
MANHATTAN	PIZZA	YANKEES

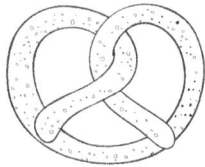
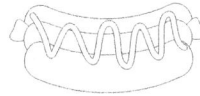

MTHAAATNN: _____

QEUNES: _____

YEEKNAS: _____

GEGNUGEIHM: _____

SENT: _____

PZZIA: _____

This page intentionally left blank

Sudoku

Fill each row, column, and block with unique numbers from 1 to 6

TIMES SQ

Grid 1 (top-left):

4	1		5		6
5	6	3	1		4
2		4			5
1	5	6	2	4	3
3	2	5	4	6	
6			3	5	

Grid 2 (top-right):

	1		4	5	6
5		6	1	2	3
1		4	2		5
6		5	3	1	
3	5	1			2
4	6	2	5		1

FIFTH AVENUE

Grid 3 (bottom-left):

2	3		6	1	
6		5	2	4	3
	2	6	3		4
5	4	3	1	2	6
	6		5	3	1
	5		4		2

Grid 4 (bottom-right):

2		3	4	5	6
4	5	6	2		
6	2	4			1
1	3		6		4
5		1		6	2
3	6		1	4	5

This page intentionally left blank

Sudoku

Fill each row, column, and block with unique numbers from 1 to 6

Grid 1

		2	3	1	6
2	6				
1	3	5	6	2	4
	1			6	
6	5			4	1
4	2	6	1		3

Grid 2

	2	4	5	6	1
6		2	3	4	
4	5	1			3
				5	4
	4	5	1	3	
5			4	1	2

Grid 3

1	2		5		6
3	6	4	2		5
4		1		2	3
	1		3	5	4
					1
6	4	5	1		2

Grid 4

	3		4		6
	5			1	4
6	4	1			3
4	6	5	2	3	1
5	1		3		2
3	2				5

Grid 5

1	2		5		
				3	1
3	5	1	6	2	4
4	1	5	2		
	6	4		1	5
	3	6	1		2

Grid 6

	3	2			6
	5	1		3	4
6	4	5	3	1	2
4		3	1	2	
	2		5		1
	1		2	6	

FIFTH AVENUE

This page intentionally left blank

SUDOKU

FILL EACH ROW, COLUMN, AND BLOCK WITH UNIQUE NUMBERS FROM 1 TO 4

TIMES SQ

1		2	
4	2	3	1
3			2
2	4	1	

	2	3	
3	4		2
2	1		
4	3	2	1

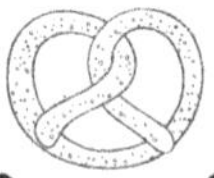

1	2		4
	3	1	
2		4	3
3	4		1

1			2
2	3		4
4	1	2	3
		4	1

Scan for solution

EwZ6A61rN

This page intentionally left blank

Number Puzzle

Fill each row, column, and block with unique numbers from 1 to 8

Puzzle 1

1			5	8	2	6	
2	4	1	6			5	8
5		2	8	1		4	3
	6	3	7			1	2
3	5		2	7			1
6	1		3	2			4
7		8			1	3	6
4	8	7	1		6	3	5

Puzzle 2

2		4		5	6	7	
1	4			7	8		6
6	5			3	1	4	
7	8		6		1	3	2
4		3		8	5	2	1
	1		2		7	4	5
8	2	1		3	4	6	7
5	7		4	1	2		

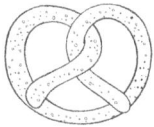

Puzzle 3

2		3	1		7	6	8
1			7	2			4
7		8			6	5	2
6		2	5	3	4		7
	1	4	6	7	2		5
4		1	3	8		7	
	6	7	8	4	1	2	
		5	2	6	3	4	1

Puzzle 4

		3	4	5	6	7	8
4		1		8	3	2	
3	6		8			4	5
7	8	6	5	4	2	1	
	1	7	3	6	8	5	
	4	6	1	5		2	
5				4			7
	4	5	2	3	7	8	1

Puzzle 5

	2	3	4	5	6	7	
3	4	1		7			6
6		7		1	2		4
	8	5	6		4	1	
	1	8			5	6	
2			5	6	7		1
8	7		1	4	3	2	5
5	6	2	7	8	1	4	

Puzzle 6

1	3	2	4	5	6	7	8
2			5	7	8	6	
5	6			1	2		4
7		6	1	4	3	2	
	1	4	2		7	5	6
	5		2			4	3
	7	1	3				2
3			6	8	4	1	7

This page intentionally left blank

SUDOKU

FILL EACH ROW, COLUMN, AND BLOCK WITH UNIQUE NUMBERS FROM 1 TO 4

		3	1
3		2	4
1	3	4	2
2		1	

	4		
3	1	4	2
1	2		4
4	3		1

1	2	4	3
3	4		
2		1	4
4	1		

1	3		2
	2	1	3
2	1	3	4
			1

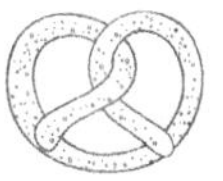

Scan for solution

0ylJ51pwK

This page intentionally left blank

Sudoku

Fill each row, column, and block with unique numbers from 1 to 4

Puzzle 1

1	4		2
3	2		4
2	1	4	
4		2	

Puzzle 2

	1	2	4
4			
1	4		2
2	3	4	1

Puzzle 3

3	1		2
2	4	3	
4			
1	3	2	4

Puzzle 4

	1	3	4
	4	2	1
	2	1	
	3	4	2

Scan for solution

21ExM72Bj

This page intentionally left blank

Word Hunt
Find the hidden words in the grid

```
Y E F D R G Y I V J J C J P C V A C I M G
R T P S W Y M Q N J Z O H B D Y W R C V A
I G Z U M R O A S L M N W T B H S N S A C
N C Y I X G I A E U V I U M G Q K E K E D
J Y N A G N R H A A M P L M H O U M N I C
P N Y U U M E H M V S L M S D Q E X A N B
A N W V M K I L M U A E C O U E N U Z N I
Q T U E Z Z U T Y A E D V E E N S G R Z S
P T V Z D T U N N G I R V E N S T K T O I
K L E T D W N M B X J J E K X K A T R A
I T L K W Z X S I R V G Z Q H V T K H G
D U K Z X N C O I J N P W Z E L A X A U
M L M U I T N O U S I V H B X V N I Y J
P N M H F U J X T Q O W F M R G P F S S
G B P S F K Y T E T O T K R O P X K U U I
T L S O F P I U E T U K H D O W X R E D A K
L R H Q F I A Q Z S I K D I P T S N X O
U V O C A T R U X S K G P R F G K Z J H
G U J T A T U A L I Z K K S V I E P J Z
G P Q B M C A W S L E K A R S F N T D W
N U H A V G N Z E I E G N Z P F D Q X W
X A U E T Z T G H N S J I I X J H G Q L K
D E I K W D A Z L S E H N D R Z Y R
N T I Y P K B C W G H L I X Q P Z X F M
A K U M Y B P N N U C V W L F W X
G U N L C B P X Q E E T F A I P J V L S
P L X L D B S E M P J J S D
```

Brownstone
MoMA
NYU
Broadway
Tribeca
Pretzel
Roosevelt
Yankees
NYSE
Queens
Bagel
Taxi

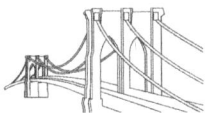

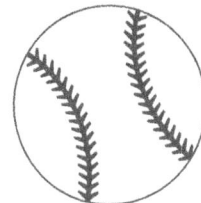

This page intentionally left blank

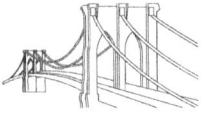

Wordsearch

Can you find the hidden words in the grid?

Show

SOHO

Subway

Nets

Hotdog

Pizza

```
H Z F L Q J F C W N M I V E
R P I Z Z A R V W M E M A V
A L V A T G S W R Y O L L Y
D Z Z Y R I O S U B W A Y S
U E B I U S H P I W B E K H
R Z S H B G O S Y P K T E N
V P J G H S N G V O U J Z G
S D N I O Y E S U Y G Z C Y
H N W T T X T A R H N Z O P
O H B B D J S H A T C C Y D
W M E B O W S Z A B Z V G E
I M R Z G J S G W T J K C E
E E N V S N F L O O R A O M
E D M X D R E Z Z C H O Y Q
```

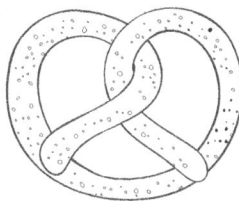

This page intentionally left blank

WORDSEARCH

CAN YOU FIND THE HIDDEN WORDS IN THE GRID?

```
E A G B J T A X I C
E B B I U N W M W U
J S P A H Y F T J Q
I I Y I U P R A I Z
I O S R D D R N P F
U N U J S K Z S D X
W A B Q O C A B E E
I O W Z N K H P C C
W H A I I D S X P D
D J Y U C I W Y H P
F D P U Z W H G A Q
```

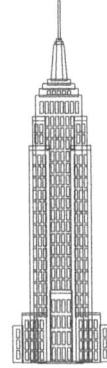

SUBWAY   **HUDSON**

TAXI   **NYPD**

CAB   **MTA**

FIFTH AVENUE

This page intentionally left blank

Hidden Words

Can you find the hidden words in the grid?

Broadway

Tribeca

Queens

Pizza

Seinfeld

Guggenheim

Pretzel

Manhattan

Greenwich

NYU

Hudson

Harlem

```
N M L C U M M A N H A T T A N T Y R R U Q L T N C W W
W D Y B S T Y Y D G R E E N W I C H D Q Q B H R I F H
K X X K L I Q O H O D C C K L W F M S Z Z W A N T A X T D
E K M Q U R G D Z G W G K P K X A Q S P I U W A K Z P
L Q X X W Q B Z I G C O S F P M R Q S P M N R Y D D C
Q M T G D Z W P F R C E G Y B Z J L K K W H Z H I Z P
F U D U S E Y E M V U G B K H R X L C J U Z O V F B S
A K A G G Q S H G V F R E J O L R B I M A P R B M M B V
O F Z G E N U Q S E S U C X Z N M T N R E D I F H P A C H
K O S E M L F F F A A Y D E I E W J L A Y K T K L W U
V R B N E W L Q W B C Q N E V J S G D R M X F H G U
Q J N H H C F Q H Y Q R Q P F L H O L J A G C K D M G
W R Z E D H R R Q H P C U T U V S Z T D R F Z T H O H
S L J I F Z G T X D F O E R O P O L J X Q A I Q A W T
W K N M L U R V S W O B E F X V O T W C J L J P W X P
T K A T B B K S Y X I I N L G T X J N I T Y K S S O T
Q W H G Y B R D L I K D S F X J N Y D Q P L F N Y U D
I N U I H F D W A R N V U S J N V B F C M U A R J Y M
O T D T T J X W L Z P H H O I X C G R O T K E I Q M D
O Q S R Y R P H P D R F S N L K E S Z I B G Q J J B F
D S O Z B U Q J R Z E N C A S T J M K T Q W I D V C S
L G N Z C Q W G M T T C Q T E P W L J B M E O E Z O S
P P K X Z V X K J D Z B F I I Z Z F L V Z F G I R E J
Z V H V I M F J A P E V H C N G X R M I B U V A P A X
R F Y V X L G X J L L J V Z F D I Z L V Y V B U J U I
J U D R O A U W H T P G L S E P Q W F N S Q G G G N W
C G Y P T X K Q U Q I W E M L B O Z K K W A M C Y F S
Y C C Q P A G Q L A N K U T D W E S P J X M I E O T P
Y G G X B T G X M J N Y X C R O P Q P I E B F J K F C
J D N C R P Y P I Z Z A G Q F I Q P B T O G V I R A N
G P R J Y H D I V P N B U H J B P N M P Q U J U P S
Y G A K A E E D Q D N F J G H Y Y E O B L A I D Q D J
R H I L W Z T M X J P C M T R B P J S A U W A O O J G
S G Q T A S R F S Q D U U Y L S R R X S P P M P T M N
E F E I Y Q U V R L T V Y V E S T W B O Y V H L S C I
O Z O E P Q F H E G F I B T M O A L D D I C P R G W H
Q N A H E J R X Q A U U D P I Q C B P X C V Q E F Z I
```

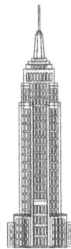

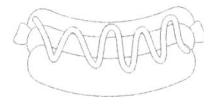

This page intentionally left blank

Wordsearch

Can you find the hidden words in the grid?

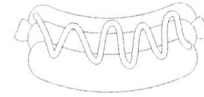

TIMES SQ

FIFTH AVENUE

Knicks

Brooklyn

Guggenheim

Roosevelt

SOHO

Skyscraper

Hotdog

Flatiron

Cab

Hudson

Brownstone

Pretzel

```
L Y H W N Z B R O O K L Y N R
O R M W W I O N F F X K V F R
N O D D W O F D J P W Q F M N
M O E W F M L P R E T Z E R D
L S H C M E A G I T Q K R L N
V E I Z T G C A C J R T Z P N
J V T M Y D I B C I W P G S Z
M E W M L Z R L K N I C K S G
Q L Y I S I O E B Y D L E Z O
L T B R O W N S T O N E N A F
A H O P U O H O T I M J E E P
G U G G E N H E I D O W W S N
Q X J B E O F P X Q V T R R F
S U C S E P H M A J F K J V D
K Z A Y J R B Y Z W F J X X B
Y S M Z E S O H O D K V J D L
S I Q H K Y J H S F I B A B O
C J U U J V Z V Z B B H O Y I
R D S D A F O T M N P M G S P
A Z R S B G K E U E O Z S N T
P V A O C V Z M L H P B E Z A
E B P N E T J D U C J S T H U
R A L X J N V L L P N Y L J H
P H A A C G X S R I U Q X V H
```

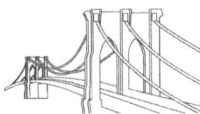

This page intentionally left blank

Word Hunt

Can you find the hidden words in the grid?

Taxi
NYPD
SOHO
MTA
Bagel
Hudson
Nets
NYU
Show
Subway

```
F  O  S  H  O  W  C  P  C  F  D  W
S  M  C  V  T  Z  I  O  J  E  P  R
U  R  G  M  T  C  W  M  V  P  I  X
B  G  H  U  D  S  O  N  S  C  P  Y
W  R  Z  N  N  W  W  M  F  M  M  V
A  X  N  N  E  B  H  T  A  X  I  V
Y  O  N  H  O  A  X  A  N  P  I  A
H  D  S  O  H  O  D  Z  E  R  O  W
B  B  E  V  P  A  N  D  T  V  X  Y
V  A  M  Y  Z  J  O  N  S  W  E  R
L  G  L  L  Z  W  N  Y  K  F  P  V
B  E  O  T  Z  A  Y  P  M  M  Y  L
R  L  O  Z  C  Z  U  D  F  Y  W  L
M  O  K  Z  Q  B  H  F  Q  A  S  B
W  O  P  P  V  S  D  A  O  T  I  Z
```

This page intentionally left blank

WORDSEARCH

CAN YOU FIND THE HIDDEN WORDS IN THE GRID?

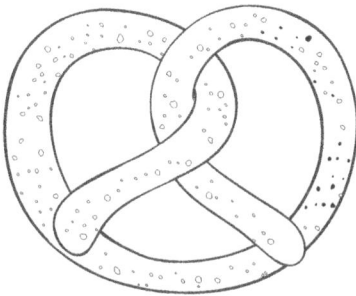

```
G A K R O X H X B R
Z P A J R X T A X I
D Z O F R F S Y A X
S I L C W F S O H O
V C S V U Z J A J L
V A H H X V W T J R
B B O U P Q Z P V L
A X T D I S H O W U
G A D S Z A M R U D
E I O O Z N T P M A
L A G N A E A A V M
R F L S D T D Q Q E
T B O C Y S K Q M Y
```

PIZZA   BAGEL

TAXI   CAB

NETS   SHOW

MTA   SOHO

HUDSON   HOTDOG

This page intentionally left blank

DOTS

This page intentionally left blank

Dots

Take turns connecting dots. Completing a square gives another turn. Highest total completed squares wins!

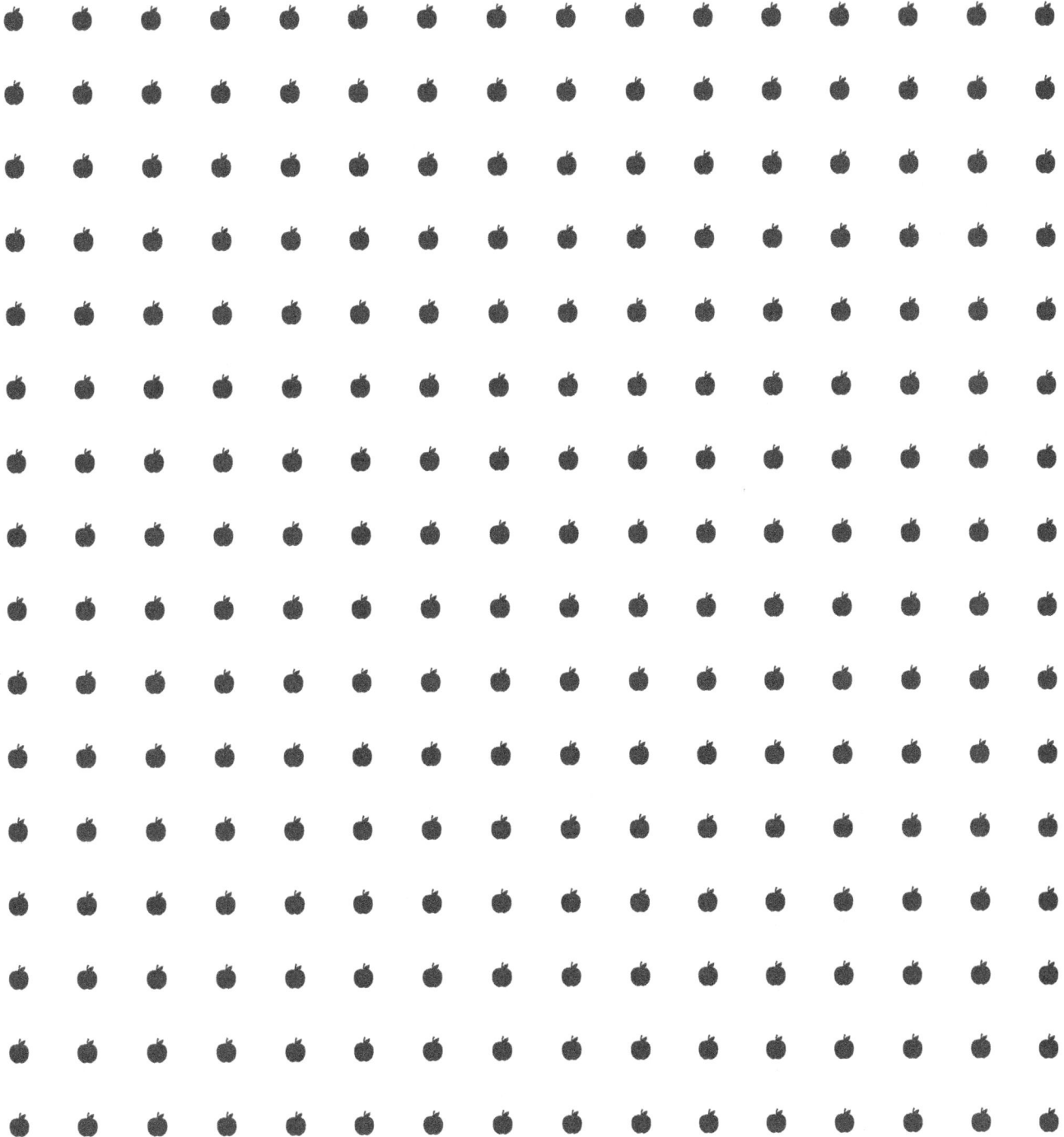

This page intentionally left blank

DOTS

TAKE TURNS CONNECTING DOTS. COMPLETING A SQUARE GIVES ANOTHER TURN. HIGHEST TOTAL COMPLETED SQUARES WINS!

This page intentionally left blank

Dots

Take turns connecting dots. Completing a square gives another turn. Highest total completed squares wins!

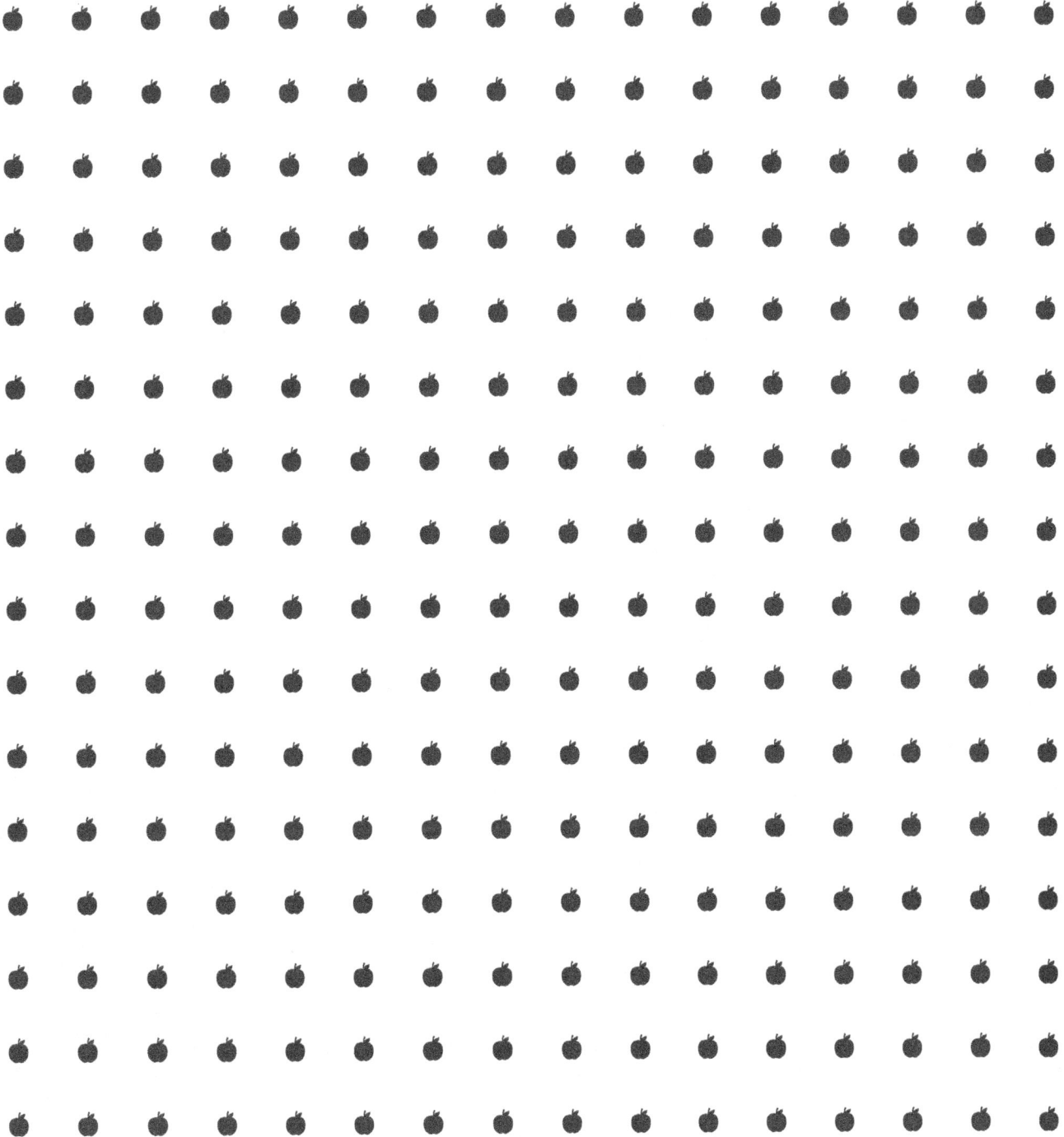

This page intentionally left blank

Tic-Tac-Toe

2 Players take turns putting X's or O's in empty squares. The first player to get 3 in a row wins.

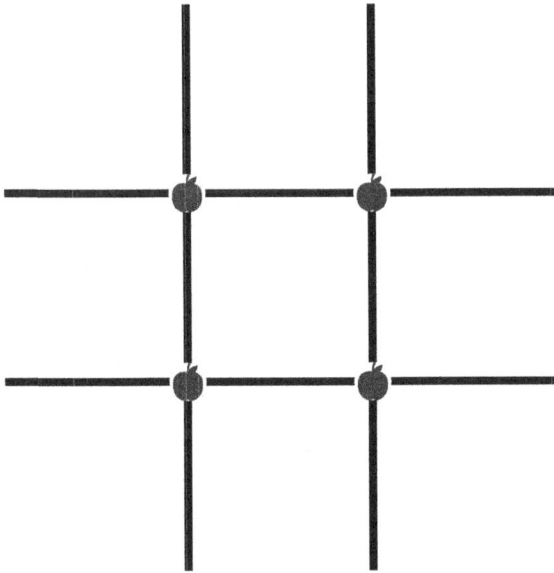

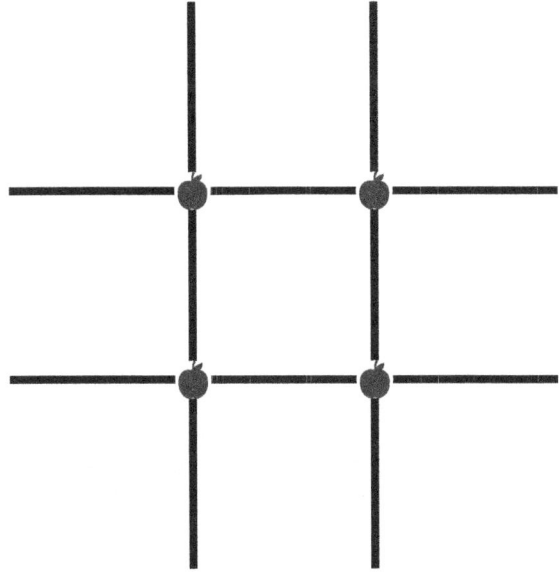

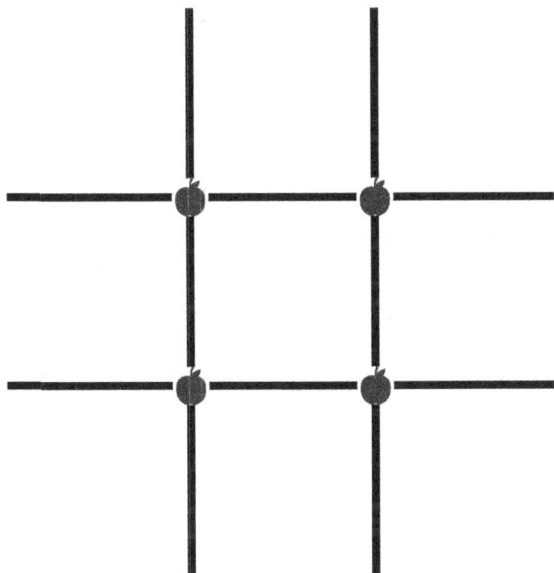

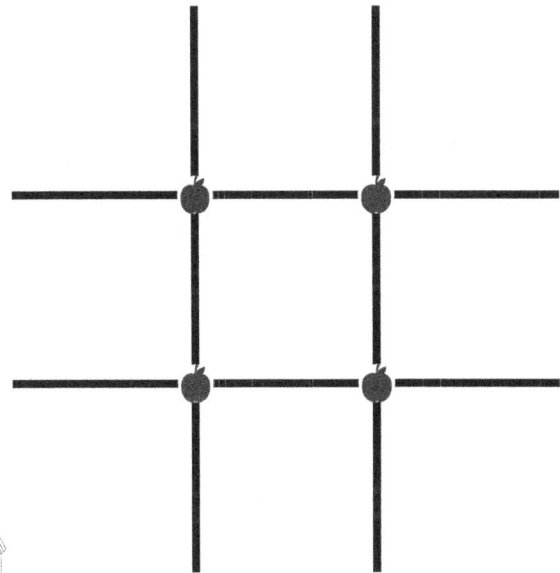

TIMES SQ

This page intentionally left blank

Tic-Tac-Toe

2 Players take turns putting X's or O's in empty squares. The first player to get 3 in a row wins.

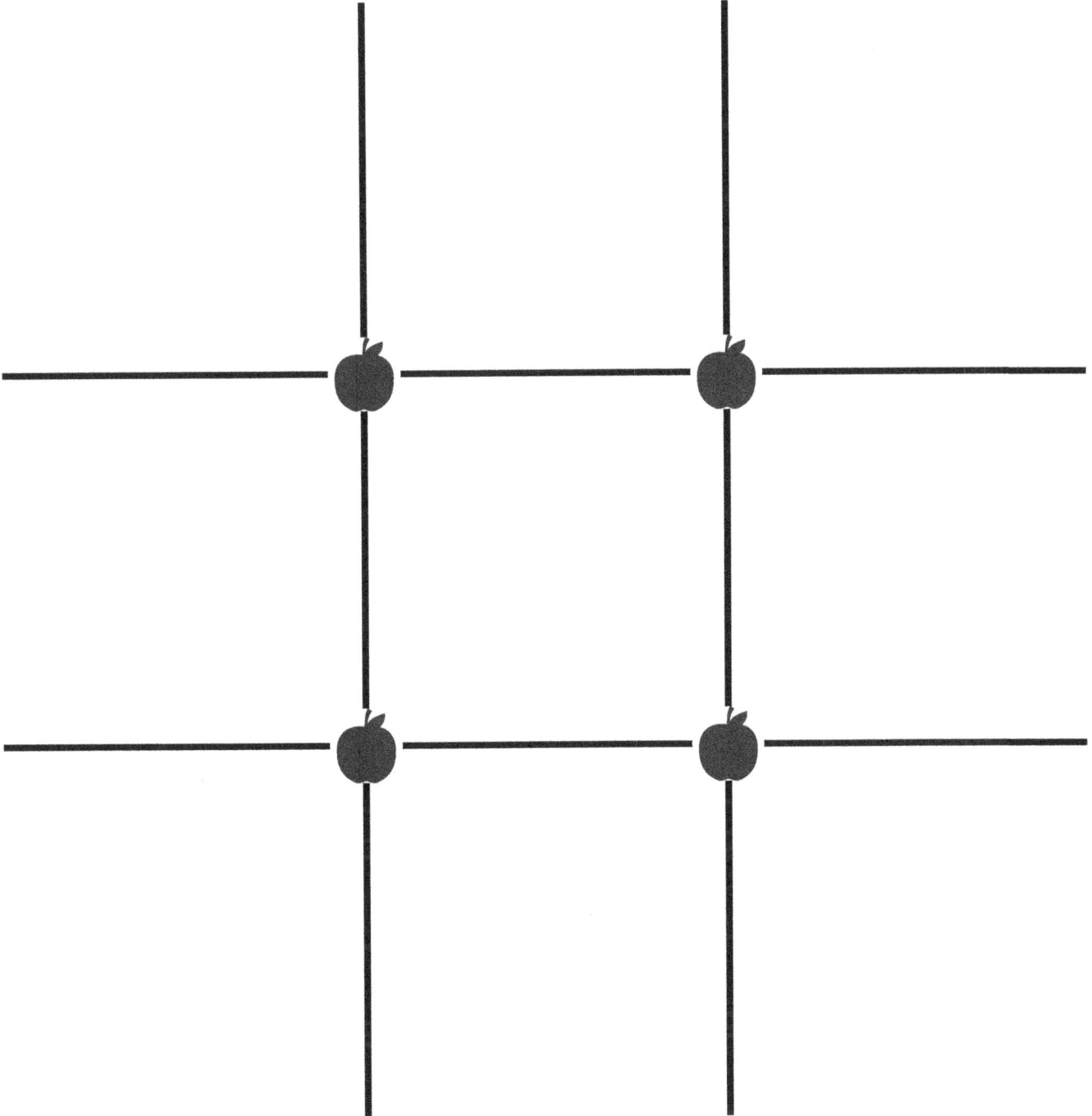

This page intentionally left blank

Tic-Tac-Toe

2 Players take turns putting X's or O's in empty squares. The first player to get 3 in a row wins.

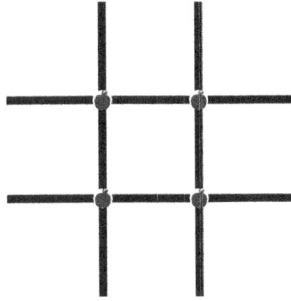

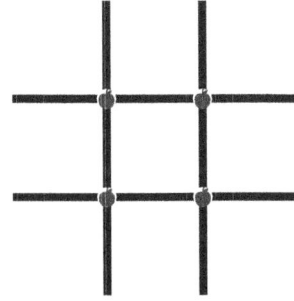

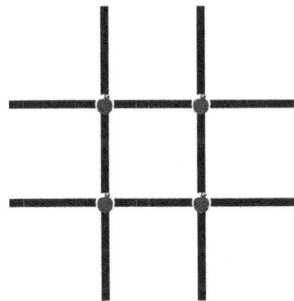

This page intentionally left blank

TIC-TAC-TOE

2 PLAYERS TAKE TURNS PUTTING X'S OR O'S IN EMPTY SQUARES. THE FIRST PLAYER TO GET 3 IN A ROW WINS.

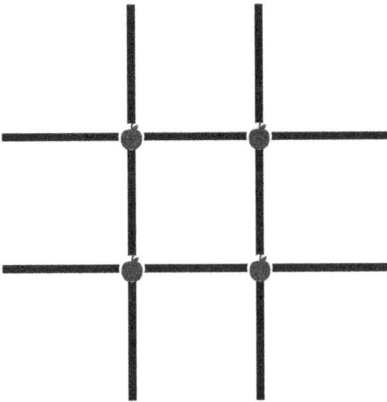

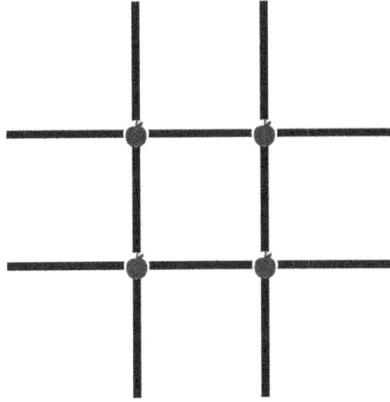

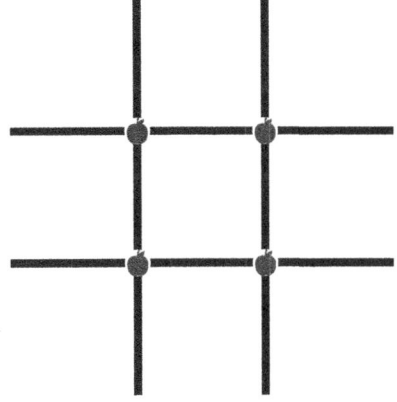

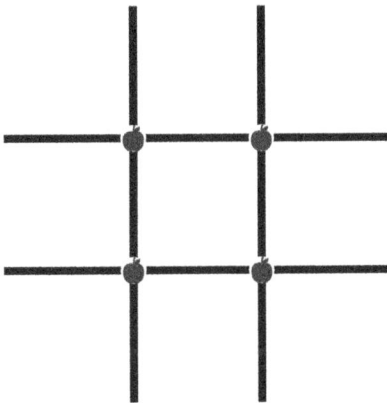

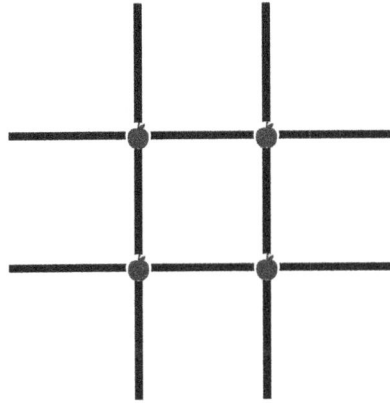

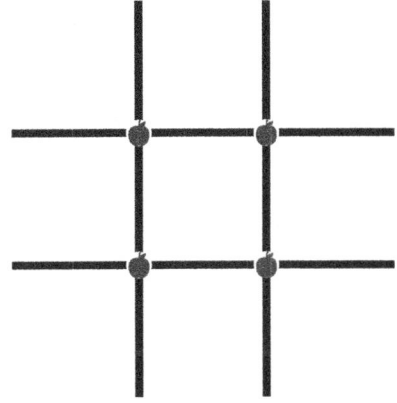

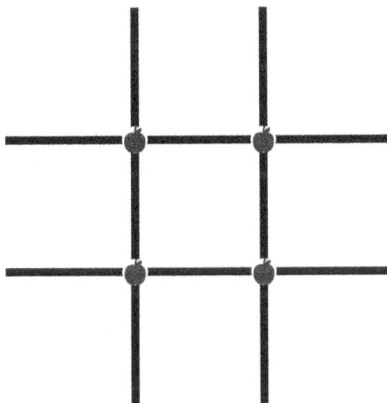

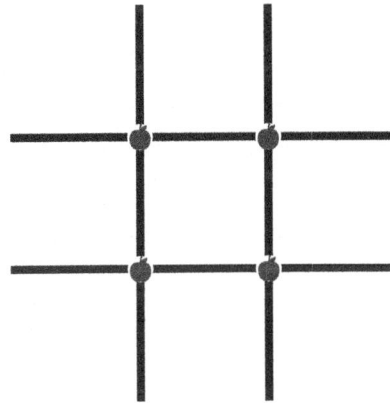

Made in the USA
Las Vegas, NV
27 December 2023